彩虹泡泡糖炸弹

一木 著

陕西科学技术出版社

西安

图书在版编目（CIP）数据

彩虹泡泡糖炸弹 / 一木著 . -- 西安：陕西科学技术出版社, 2025.7. -- ISBN 978-7-5369-9341-9

Ⅰ . G444-49

中国国家版本馆 CIP 数据核字第 2025WK5010 号

彩虹泡泡糖炸弹
CAIHONG PAOPAOTANG ZHADAN

一木 著

责任编辑	侯志艳
封面设计	曾 珂

出 版 者	陕西科学技术出版社 西安市曲江新区登高路 1388 号陕西新华出版传媒产业大厦 B 座 电话（029）81205187　传真（029）81205155　邮编 710061 http://www.snstp.com
发 行 者	陕西科学技术出版社 电话（029）81205180　81205178
印　　刷	陕西金和印务有限公司
规　　格	880mm×1230mm　　32 开本
印　　张	6.75
字　　数	70 千字
版　　次	2025 年 7 月第 1 版 2025 年 7 月第 1 次印刷
书　　号	ISBN 978-7-5369-9341-9
定　　价	49.80 元

版权所有　翻印必究

（如有印刷质量问题，请与我社发行部联系调换）

动物简介

鸟小飞老师
三五学院校长。
擅长各种角色扮演,
和孩子们的关系很奇妙。
既是科学代课老师,
又是同窗好友。
用鸟小飞的话来说就是:
要想教好孩子们,首先要成为孩子们。

吉象老师
三五学院优秀班主任,
兼语言科目教学任务。
有时温和包容,有时又严格固执。
信奉的教育理念:
只要我足够努力地教,
大象都能被我"卷"上天。

羊卷卷老师
三五学院最神秘的老师。
据说擅长多种语言,
能和各个神秘部落的生物沟通。
特殊语言类教师,
和同事以及孩子们关系良好。

姓名：狐小虎
小名：小虎、小狐
性格：聪明直爽，开朗乐观

姓名：鹿小禄
小名：小禄、小鹿
性格：温和善良，乖巧听话

姓名：郊小狼
小名：大灰狼、小狼
性格：独立勇敢

姓名：犬小汪
小名：狗子、小汪
性格：憨厚老实

姓名：猫小咪
小名：小咪、小猫
性格：调皮佛系

姓名：兔小白
小名：小兔子、小白
性格：胆小害羞，包容大方

翻过一座山，
越过一条河，
再穿过一片树林，
就是传说中的三五学院了。
因为3个同音字——
无、物、悟，
所以就叫三五学院了。
在这里有一群来自
四面八方、五湖四海
的小动物们。
他们在这里读书、学习、成长。
三五学院的学生非常神秘。
三五学院的老师更是有着特殊的魔法。

愤怒是有开关的 / 2

不接受别人扔过来的愤怒仙人球 / 8

跑不赢你我就跳过你 / 14

用你的左手举起你的右手发言 / 18

友谊与跷跷板 / 24

友谊是平等的 / 32

幸运日和倒霉日都是随机出现的 / 38

作业矛盾论 / 46

本末倒置 / 52

因果关系 / 58

情绪就像彩虹泡泡糖炸弹 / 66

虽然学习很枯燥,但是午餐很值得期待 / 72

在意你长相的只有你自己 / 74

一起玩很快乐，一个人也不错 / 78

你想成为别人家的孩子吗？/ 86

你不是100分，不可能所有人都喜欢 / 92

具体问题具体分析，区别对待 / 96

我又多了一个爸爸爱我 / 104

从不同位置摸到的大象 / 106

学习好和不好都有烦恼 / 110

做自己最好 / 120

给大脑杀杀毒 / 126

花成花，树成树 / 132

第一次带来的新本领 / 140

吃饭的学问 / 146

错的，写得再多也是错的 / 154

看我想看，想我所想 / 160

不喜欢的感觉也不错 / 164

存在本身就有意义 / 172

我要像小草一样靠天洗澡 / 178

作业不超过20分钟 / 184

愤怒是有开关的

吉象老师来

)暂停争吵

象老师走了,他们继续争吵……

不接受别人扔过来的愤怒仙人球

当你觉察到对方有愤怒情绪时，
不要去接受对方的愤怒。
只要不接受、不理会，
让自己保持平静就不会被愤怒之刺扎伤。

愤怒就像仙人球,
像老师扔向我的时候,
我不去接,
就不会扎伤我了。

跟着猫小咪学习关闭愤怒的魔法吧!

当我们实在忍不住想发怒的时候,
请记住以下魔法。

魔法修炼秘诀一

1. 深呼吸,动动手,动动脚。
2. 眨眨眼睛,看看天。
3. 默念咒语:
我不气,我不气,这件事不值得我生气。

魔法修炼秘诀二

1. 刚才发生了什么事?
2. 我为什么会如此生气?
3. 我生气的目的是什么?

魔法修炼三

平静心情解决问题。

跑不赢你我就跳过你

跑步第一名

跳高第一名

输不一定代表你很菜，
赢不一定代表你很棒，
只是比赛内容不同。

飞不过鸟、
游不过鱼、
打不赢恐龙、
做不成超级英雄。

但不影响，
你依旧是你。

可以开飞机，
坐潜艇，
看电影，
做美梦。

世界上没有垃圾，只有放错地方的宝藏。

——但丁

不要试图成为别人，成为你自己最好的版本。

——艾米莉·狄金森

尺有所短，寸有所长。

——屈原

用你的左手举起你的右手发言

回答问题时表达自我就像开盲盒,

可能开到鲜花和掌声,

可能开到喜悦或伤心,

可能开到成长的机会,

无论开到什么,

都已经体验到了开盲盒的欢乐。

友谊与跷跷板

要努力做一只乐于分享，善良大方，人人都喜欢的小兔子

我决定向猫小咪要回我最喜欢的玩具。

 猫小咪会生气的哦!

 玩具本来就是我的,她不该生气!

 为了一个玩具失去一个朋友,不值得哦。

 当朋友抢夺了我最喜欢的东西时,朋友就不再是朋友了。

 朋友之间要包容,你就包容一下猫小咪吧!

 朋友之间的包容是相互的,这次她也要包容我!

你不怕猫小咪举报你偷偷带玩具去学校吗?

 猫小咪也带过,大不了老师一起批评我们。

那样猫小咪也许会永远不再和你做朋友。

朋友之间就像跷跷板,

你上我下、我上你下,这样才能玩得开心。

和猫小咪一起玩的时候我一直处在跷跷板的低端。

只有她一个人开心,

这样的朋友不是真的朋友。

友谊是平等的

我们的爱好不一样,但这不影响我们做朋友。

我们的兴趣爱好一样,在一起玩真的很开心。

我们的兴趣爱好完全不一样,	我们的兴趣爱好一样,
喜欢看的书不同,	都喜欢看书,
爱吃的食物不同,	都挑食,
喜欢的运动都不同,	都喜欢运动,
但不影响我们一起玩得非常开心。	在一起玩真的很开心。

学校的教学、纪律要求都一样是想让我们都长一样吗？

放心，尽管教得都一样，兔子依旧是兔子，狼依旧是狼。

大同必须包容小异，世界大同并非世界一同。

——曾仕强

如果世上没有学校该多好啊！我就不用上学啦。

如果世上没有学校，你应该还是一只野兽。

我不同意你说的话，但是我誓死捍卫你说话的权利。

——伏尔泰

君子和而不同，小人同而不和。

——《论语》

幸运日和倒霉日都是随机出现的

鹿小禄很努力地练习了唱歌。

但表演时,鹿小禄因为身高要站到最后面去。

排队背书轮到我的时候老师有事离开了,
我只能下次再背。
早背晚背没关系的,反正你都会背了啊!

上美术课的时候,别人一直借我东西,导致
下课了我的作品都还没有完成。
等有空的时候你可以继续完成它啊!

下午羽毛球比赛又输了,还被教练批评!
教练想让你更优秀哦!

最难过的是唱歌的时候因为我高让我站后面。
不管站在哪个位置上都可以唱出最好的水平。

可是我还是很不开心。

我知道什么时候都可以背书。
我知道美术作品可以有空的时候完成。
我知道自己高,站在前面挡住了别的同学。
如果这些事情不集中发生在同一天,
我都可以安慰自己的。

没关系,
难过就哭一会儿吧!

日子就像串在一起的糖葫芦，
你不知道吃到嘴里的那串是酸是甜。

即便你嘴巴里吃的那颗是甜的，
也不能判断下一颗是酸是甜，

但最终你都会吃掉所有属于你的糖葫芦。

所以，
吃到那颗的时候不妨忍一忍，
有可能下一颗会很甜。

不必纠结当下,也不必太担忧未来,人生没有无用的经历,所以我们一直走,天会亮的。

——村上春树

作业矛盾论

本末倒置

哦！我明白了，
原来玩耍
真的像妈妈所说，
是治疗头痛的
灵丹妙药啊！

因果关系

说出来你可能不信,
这些字是有魔法的。
当它们在书上排队站着的时候,
我认识它们,
但是当它们站在考卷上的时候,
我就不认识它们了。

啊?

"眼见为实，耳听为虚"
这句话有可能不对哦！

"眼见为实,耳听为虚"

所以真相到底是什么呢?

情绪就像彩虹泡泡糖炸弹

情绪就像彩虹泡泡糖炸弹。
是每个人从一出生都带有的魔法炸弹。
这枚彩虹炸弹的威力很大。
当你发射情绪彩虹炸弹的时候,
可能伤害到别人,
也可能伤害到自己。
从而引发一系列的问题,
甚至造成矛盾。
所以,我们一生
都要学习如何
操控我们的情绪彩虹泡泡糖炸弹。

虽然学习很枯燥,
但是午餐很值得期待

每天都有写不完的作业,做不完的笔记。

学习很枯燥,但是每天的午餐很值得期待啊!

在意你长相的只有你自己

自己是自己的,
不用太在意别人眼中的自己。

就像
小汪总觉得小狐太狡猾,
小狐又觉得小汪太过于呆愣。

就像
小狼理解不了吃素的小禄,
小禄理解不了小狼的茹毛饮血。

就像
妈妈总觉得作业很少,学习很简单,
而你总觉得学习很累,作业像小山总也写不完。

就像
一天的二十四小时,
有时候你觉得很长,有时候又觉得很短。

一起玩很快乐，一个人也不错

一群人玩的时候,
享受一起玩的快乐。
一个人玩的时候,
享受一个人的孤独。

快乐和孤独并不矛盾。
有人陪伴时,
体验陪伴的乐趣。
无人陪伴时,
品味自由的感觉。

哈~哈~哈

孤独,是忧愁的伴侣,
也是精神活动的密友。
——纪伯伦

我要写一本《小兔子历险记》。

人可以在社会中学习,然而,灵感却只有
在孤独的时候,才会涌现出来。
——歌德

我已经一周
没有和别人玩了。

再这样下去,
我都不会说兔语了。

孤独可以使人能干,也可以使人笨拙。
——雨果

学院生活小片段

每个人领取一袋属于自己的种子盲袋。
每个人的袋子里装的都不一样,这是属于你的植物。
将来长成什么样老师也不知道。

鹿小禄的笔记

交朋友对我来说是一件头疼的事，因为我不知道如何不费力地讲话的问题。挺羡慕那些毫不费力地讲话的人，他们总能在很快交到朋友。

学习知道，我确减一也，我于五面对五，理解我，笨，他告诉我，是人类，而立地的，天更久的，且坚定了

对	困	难
一	个	话
声	绘	色
环	境	中

我来说也不是一件简单的事，
聪明。我是老师讲完三加二等
二加三时依旧重新算的同学，
减二不会做的同学。有时我无
单的汉字。你是不是觉得我很
想，后来我遇到了我的老师，
之所以这样并不是因为我笨，
构造不同。我将来是要长成顶
，所以学得慢，长得慢，需要
从此，我不觉得自己笨了，并
成大树的决心．

你想成为别人家的孩子吗？

人的眼睛是向外看的，
因此很容易看到别人的优点，
却看不到自己的优点。
也许自己的优点恰好是别人想要的，
所以，
不要羡慕，
不要自卑，
学会看向自己。
找到自己的优点，
成就最好的自己。
而不是，
变成
别人的复制粘贴。

天生我材必有用。

——李白

爱己者,仁之端也,可推以爱人也。

——王安石

自信是向成功迈出的第一步。

——阿尔伯特·爱因斯坦

你不是 100 分，不可能所有人都喜欢

喜欢不一定要一直在一起玩，

不喜欢也不一定永远不在一起玩。

喜欢和不喜欢都是一种当下的自我感受，

是一个人美好的情感能力。

别去压抑它，

用这种美好的能力去感受，

喜欢与不喜欢的每个瞬间。

作为独立的自己，

喜欢自己和自己有关。

喜欢或不喜欢别人与自己有关。

而别人的喜欢或不喜欢与自己的关系并不大。

因为下雨，不能去秋游了，好难过。

已经错过了秋游，不要再错过今天。

世间最珍贵的不是"得不到"和"已失去"，而是现在能把握的幸福。

——苏格拉底

在这个纷扰的世俗世界里，能够学会用一颗平常的心去对待周围的一切，也是一种境界。

——柏拉图

如果我没有选择兔生，而是选择了猫生会不会更好。

具体问题具体分析，区别对待

你是一只乐于助人又知道感恩的小兔子。

遇到这样的问题我们该怎么办呢?
不是全部都帮助,
也不是全部都拒绝。

像取快递这种不是很着急的事情,
以及布置派对这样的需要占用很长时间的事情,
我们都可以先拒绝。
等忙完自己手头的事情了,
再去帮助别人。

像帮助别人听写,花掉的时间少,
我们可以立刻帮助。

所以,
遇到问题,
没有统一的标准答案。
因为答案藏在问题里面。
要学会
具体问题
具体分析,
区别对待。

这个世界没有真相,只有视角。
——尼采

所以,知识到底长什么样?

三思而后行。
——《论语》

我又多了一个爸爸爱我

我的爸爸妈妈
离婚了。

巧了，我的爸爸妈妈
也离婚了。

我妈妈再婚了,
我又多了一个爸爸爱我,
为什么要伤心呢?

可你看起来一点
也不伤心啊!

从不同位置摸到的大象

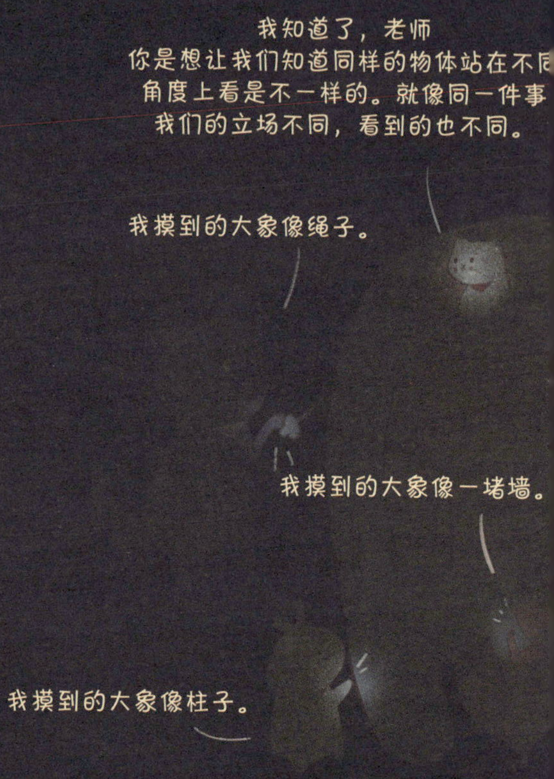

我知道了,老师
你是想让我们知道同样的物体站在不同
角度上看是不一样的。就像同一件事
我们的立场不同,看到的也不同。

我摸到的大象像绳子。

我摸到的大象像一堵墙。

我摸到的大象像柱子。

你摸到的大象是什么样子的呢？

我摸到的大象像水管。

摸到的大象像扇子。

横看成岭侧成峰,远近高低各不同。

——苏轼

学习好和不好都有烦恼

父母望子成龙心切，
但有些家长的欲望是很难得到满足的。
考了班级前十名，
　他们会让你考前五名。
考了前五名，
　他们会让你考第一名。
考了班级第一名，
　他们会让你考年级第一名。
考了年级第一名，
　他们会让你考区第一名。
……
没有休止的要求，
　成长了名次，
　　也成长了欲望。
可以好好学习，
　只享受知识带来的愉悦。

考试成绩很差,
我不是故意的。
其实我也想考好,
只是还没有找到方法,
有可能我的种子还没有发芽。

做自己最好

在学校听老师的，
在家听家长的，
出门听警察的，
上班听老板的。

如果我能够做其他的
小动物就自由了。

还是做自己最好,

可以开心时笑,

难过时哭,

饿的时候吃饭,

困的时候睡觉。

不用担心玩游戏时被猎人抓捕,

不用担心游泳时被渔民捕捞,

做自己真好!

给大脑杀杀毒

定期给大脑杀杀毒。

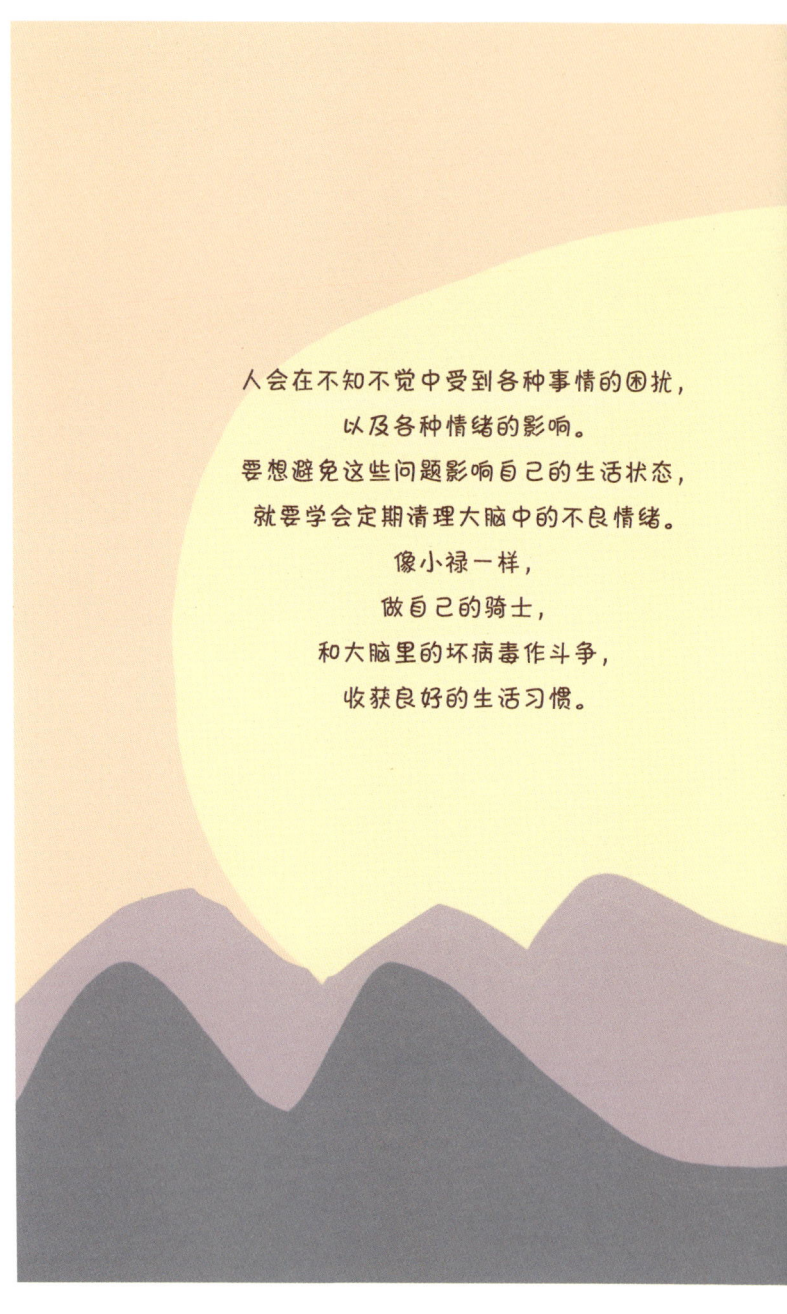

人会在不知不觉中受到各种事情的困扰，
以及各种情绪的影响。
要想避免这些问题影响自己的生活状态，
就要学会定期清理大脑中的不良情绪。
像小禄一样，
做自己的骑士，
和大脑里的坏病毒作斗争，
收获良好的生活习惯。

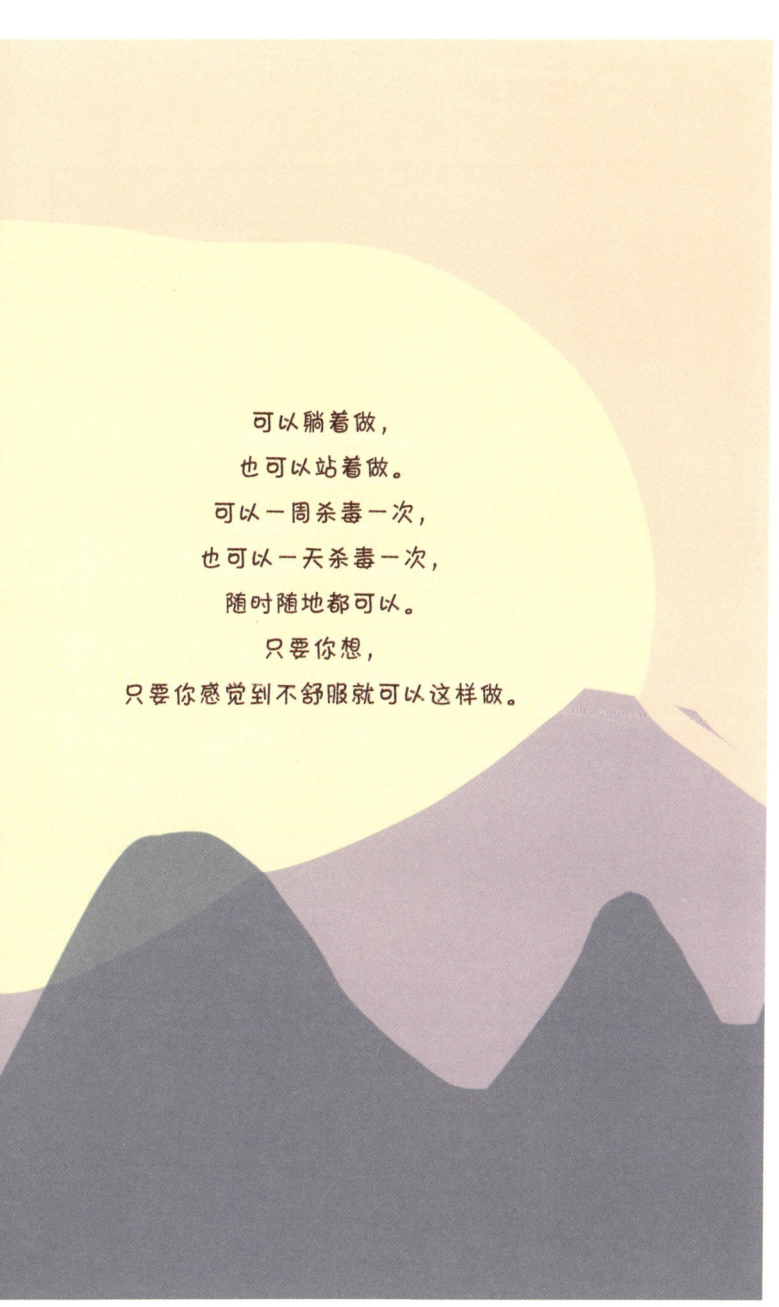

可以躺着做,
也可以站着做。
可以一周杀毒一次,
也可以一天杀毒一次,
随时随地都可以。
只要你想,
只要你感觉到不舒服就可以这样做。

花成花,树成树

🐻 看上去确实很漂亮,
不及格也会让人很沮丧。
　　别难过,
　走,老师带你去个地方。

小兔子的日记

小树苗不确定长大会长成什么样，
小朋友也不确定将来长成什么样。

不是所有的小树苗，
　长大都会开花和结果。
不是所有的小朋友，
　长大都会成为栋梁之材。

不开花、不结果的小树苗，
　　就是坏树苗吗？
不能成为国家栋梁之材的孩子，
　　就是坏孩子吗？

"老师,
你应该让花成花,
树成树,
小咪做好猫,
小狗做好狗,
小兔做好兔。"

"什么是好呢?"

有教无类。
——《论语》

"我想就是不做坏事,
顺着自己的本心做事。"

让花成花,让树成树。
——杨绛

"我教你们的都是一样的知识,
至于你们学到了什么,想到了什么,
以及怎么使用这些知识都是不一样的。"

顺其自然,为所当为。
——森田正马

"我用狗的思考方式学习。"

第一次带来的新本领

你不会包饺子,不用你帮忙了。

可是我想包一下试试啊!

你包得好丑啊!

就是因为包得丑才要多练嘛!

这是我包的第1个饺子,等我包到第10个的时候肯定会变漂亮,等包到第100个饺子会更漂亮!

他好像什么都能学会。

只要我想学,
重复思考并练习后,什么都可以学会。

第一次包饺子，
第一次做手工，
第一次刷鞋子。

第一次去游泳，
第一次学跳舞，
第一次去打球。

第一次读拼音，
第一次写作文，
第一次学外语。

第一次在饭店去拿打包盒，
第一次坐高铁求助别人帮忙放行李，
第一次在陌生的城市里交朋友。

第一次在公共场合发言，
第一次站在讲台后被当众嘲讽，
第一次因和别人意见不合去争执。

第一次……
太多的第一次。
我们好像都做得不太好，
但现在回想起来，
好像这些并没有太大关系。
其实每一个第一次
都是新本领的开始。

面对下一个第一次，
调整呼吸，
行动起来，
迎接第一次带来的新本领。

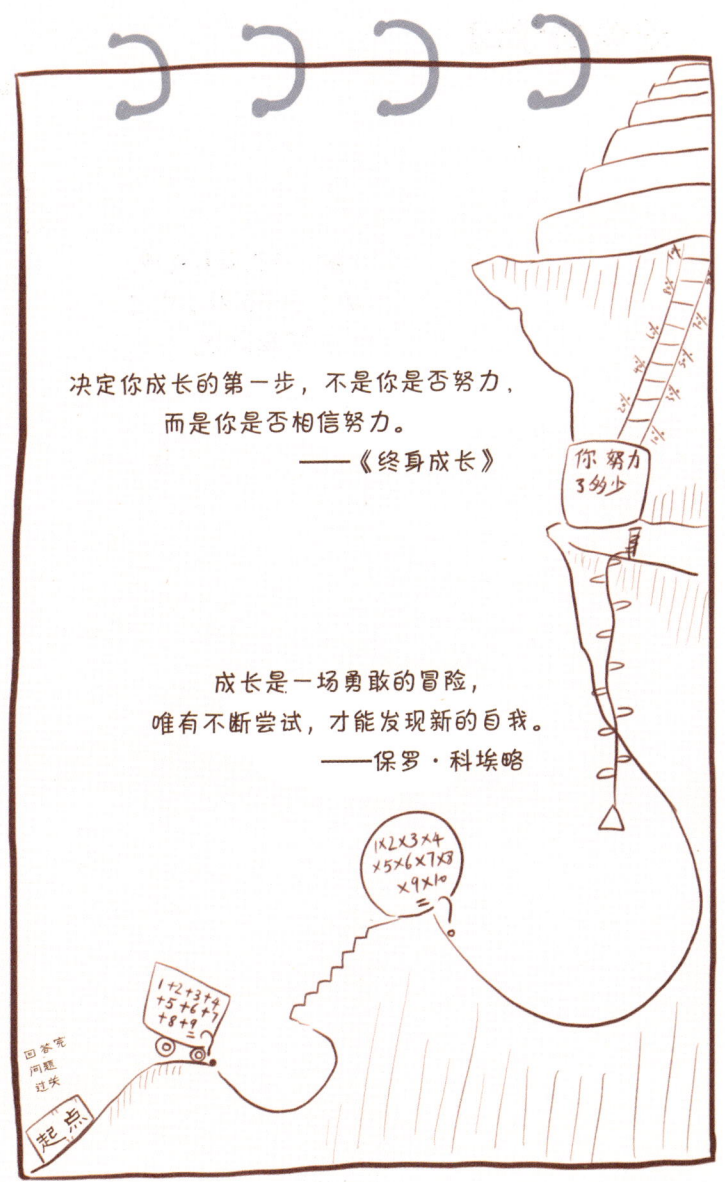

吃饭的学问

小禄,要长辈先动筷后,你才能吃。

不知道从什么时候开始，

我发现自己连饭都不会吃了。

不光不会吃饭，

还不会做自己了。

关于吃饭，
其实没有那么难。

你无需在意那么多，
遇到喜欢吃的，
多吃几口。
遇到不喜欢吃的，
不吃也行。

吃饭解决的主要是温饱。
其次是享受美食的乐趣。

何必在意那么多呢！

民以食为天。
——管仲

上天让我们拥有能吃、能看、能听、能闻、能思考的
能力，不是让我们练习关闭它们的，
而是让我们学会好好使用它们，
用它们去感受更真实的世界，
去爱这个世界。

饭蔬食，饮水，曲肱而枕之，乐亦在其中矣。
——《论语》

错的，写得再多也是错的

对的，写上就是对的，
错的，写得再多也是错的。

不要那么快，结果只拿一个 ☺。

与其快速走错路,不如慢慢走对路。

在错误的路上奔跑得再快也没有用,
只会离终点越来越远。

看我想看，想我所想

原来
面对相同的东西，
我们看到的和想到的
是不一样的。

原来
不管面对什么内容，
我们看到的都是想看的，
想到的也是习惯想的。

不喜欢的感觉也不错

朋友生气了,
你觉得天塌了。
被人说自私小气,
你觉得道德被践踏了。

放下这些烦恼,
地球离了谁都会转。
你的品德不是由别人的
嘴巴定义的。
做自己就好。

要有被讨厌的勇气。
——《被讨厌的勇气》

存在本身就有意义

吉象老师语录

不能用贡献来判断一个人的价值,
一个人活着本身
就是一件有价值的事情。

生命本身就有意义。
一棵树,
一朵花,
一滴水,
一只晒太阳的懒橘猫,
都展示了生命本身的意义。

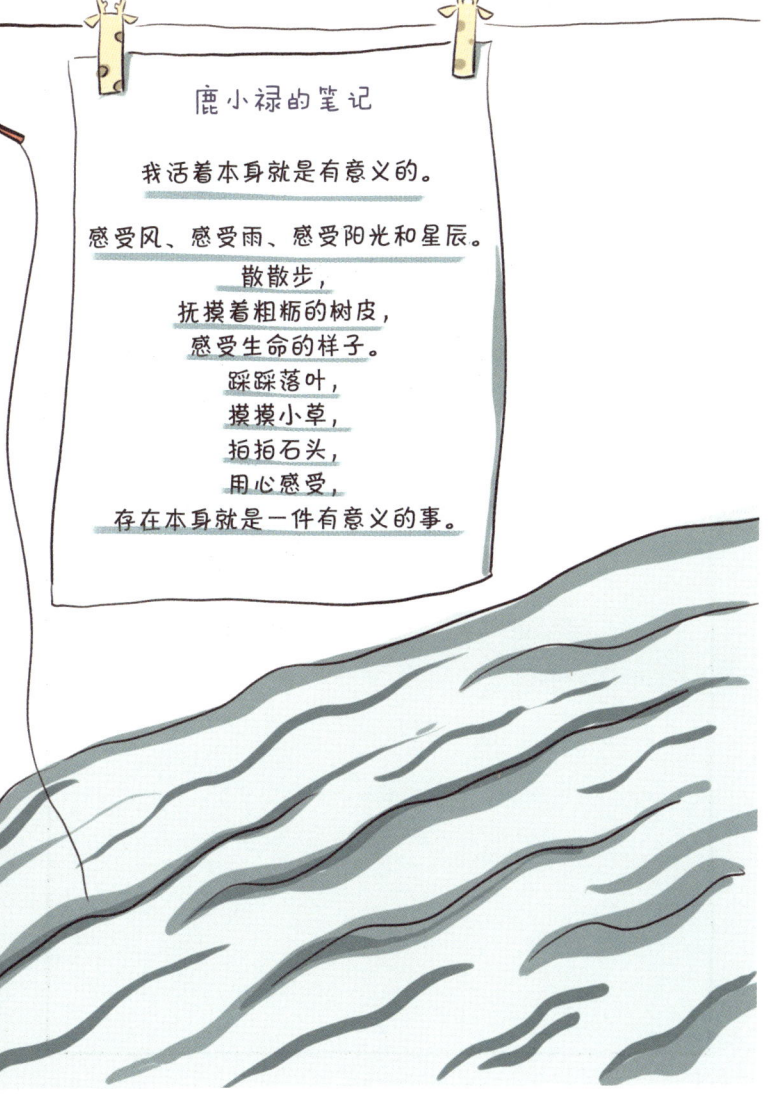

鹿小禄的笔记

我活着本身就是有意义的。

感受风、感受雨、感受阳光和星辰。
散散步,
抚摸着粗粝的树皮,
感受生命的样子。
踩踩落叶,
摸摸小草,
拍拍石头,
用心感受,
存在本身就是一件有意义的事。

我要像小草一样靠天洗澡

又过了 30 分钟

小咪,很晚了,该洗澡睡觉了!

妈妈,好的。

作业不超过20分钟

开学第一周

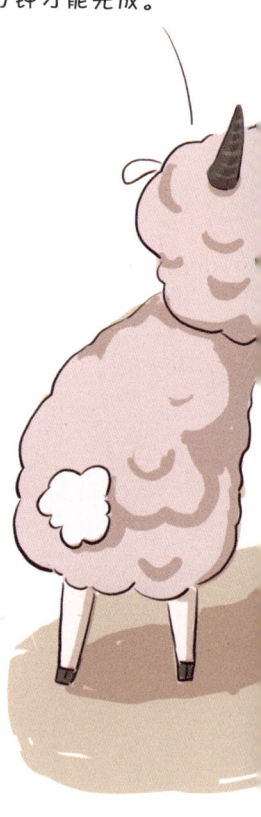

我说吉象带的科目这次考试的分数怎么比我们高那么多,原来是偷偷多布置作业了啊!

家长叫

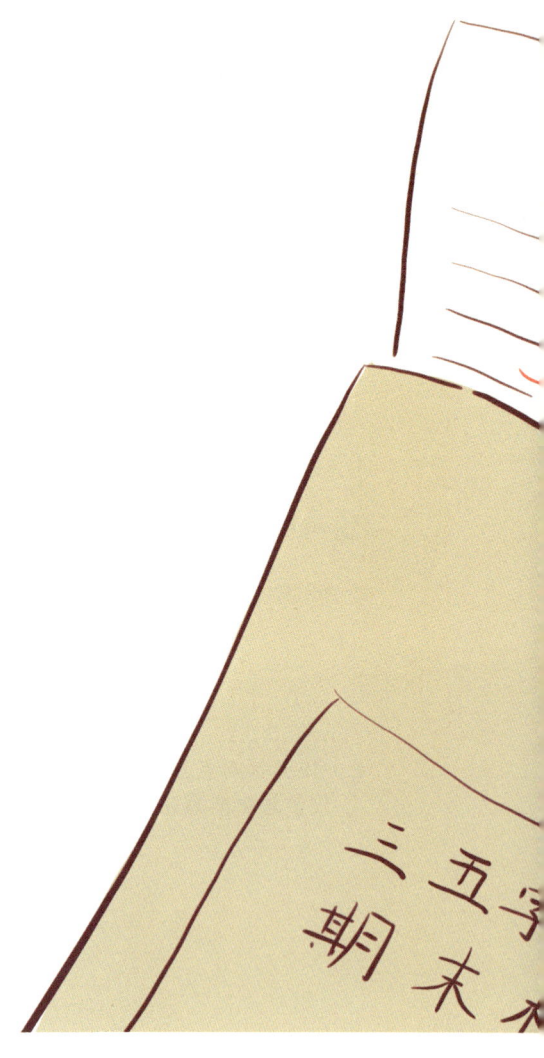

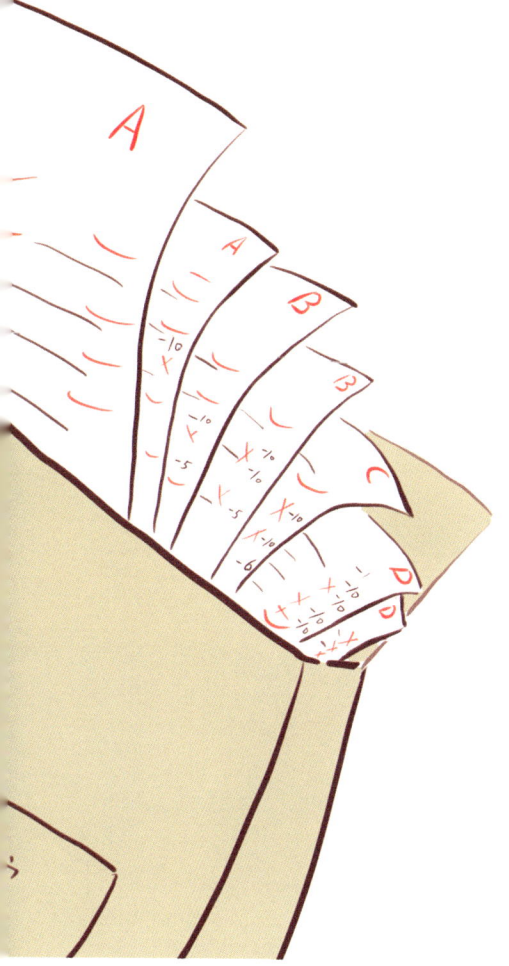

小兔子,你怎么还考得这么低啊,考题我们平作业都做过了呀!

我觉得成绩不重要,身心健康才重要。

经过一学期的努力,
吉象老师班
年级第一,
市第一。

家长们欢喜,学生们欢喜,老师们欢喜,皆大欢喜。